AF231935

L⁴h
702

RÉPONSE AUX ATTAQUES

CONTRE LE

MARÉCHAL BAZAINE

PAR

J. TRUCHY

Capitaine d'état-major de l'armée du Rhin.

PARIS

E. DENTU, LIBRAIRE-ÉDITEUR

PALAIS-ROYAL, 17-19, GALERIE D'ORLÉANS

1871

RÉPONSE AUX ATTAQUES

CONTRE

LE MARÉCHAL BAZAINE

Un des travers particuliers à notre pays, celui qui peut-être caractérise le mieux l'esprit essentiellement vaniteux et irritable de sa population, et que même les leçons du malheur ne peuvent déraciner, c'est de ne pas se résigner à reconnaître les vraies causes de ses désastres. Nous le voyons se reproduire invariablement à toutes les époques critiques de notre histoire, et cette dernière guerre avec la Prusse vient d'en fournir un nouvel exemple.

Sans tenir compte de l'organisation puissante des armées allemandes, des ressources immenses laborieusement accumulées depuis longues années par nos ennemis, et qui leur permettent, en quelques jours, la levée de plus d'un million d'hommes munis d'une artillerie formidable; de la décadence de notre esprit militaire, de cet espèce d'affaissement moral qui s'est peu à peu introduit dans toutes les classes de notre société; la France, vivant sur son ancienne réputation militaire et s'estimant invincible, n'a vu dans la série des revers qu'elle vient de subir coup sur coup, dans la chute de ses pompeuses illusions, de ses croyances héroïques acquises au prix de si grands sacrifices, de pertes et de privations aussi douloureuses, qu'une suite non interrompue de trahisons depuis longtemps combinées par les réactionnaires de tous les partis, pour la livrer humiliée et sans force aux pieds d'un vainqueur impitoyable.

A défaut de personnages marquants sur lesquels pût retomber le poids de sa colère ou de ses malédictions, elle a souvent choisi comme responsable de ses calamités, telle classe de l'armée ou de la société. A Metz, le maréchal Bazaine a seul porté la lourde charge des accusations du pays. Offert comme victime expiatoire à la vengeance publique, il semble que la nation tout entière ait voulu le punir de n'avoir pas répondu à la confiance exagérée, aux espérances trompeuses que l'on fondait, dès le début, sur les moyens d'action, fort restreints pourtant, dont il disposait en face d'un ennemi si puissant. L'opinion s'est prononcée avec une violence inouïe, un aveuglement incroyable, sans vouloir même sérieusement examiner, si ce jugement anticipé n'était pas la conséquence d'idées préconçues, d'une irritation mal définie, d'un froissement d'amour-propre national assez douloureux pour fausser la raison ou le bon sens, plutôt que le résultat d'une enquête sérieusement ordonnée et équitablement conduite.

Il est temps que la vérité se fasse jour enfin sur un des plus grands épisodes de cette guerre, et que l'on puisse apprécier, en toute connaissance de causes, les circonstances qui ont fatalement entraîné la capitulation de Metz, dont on s'acharne à faire un crime au commandant en chef de l'armée du Rhin.

Je déclare, pour les esprits soupçonneux ou mal intentionnés, que je n'ai nul mandat officiel ou autre pour entreprendre une justification du maréchal Bazaine, et que les opinions que j'exprime me sont toutes personnelles. Simple capitaine dans une des divisions du 2e corps, jamais je n'eus l'honneur de faire partie de sa maison militaire ou de son état-major particulier, mais je n'ai pu lire ou entendre formuler les attaques si violentes dont il est l'objet de la part du public, et même de ses anciens subordonnés, sans essayer de rétablir les faits sous leur véritable aspect. J'éviterai, autant qu'il dépendra de moi, d'irriter un débat déjà si passionné, par des attaques ou des récriminations personnelles; ne m'attachant qu'à présenter clairement les faits, à démontrer leur enchaînement naturel, après avoir étudié les causes qui ont dû les produire. Dans la modeste position que j'occupais à l'armée du Rhin, j'ai pu ignorer bien des détails, mais je crois avoir assez bien compris l'ensemble de la situation pour me prononcer avec quelque assurance.

I

Le 10 août, après la retraite de Forbach, les quatre corps de l'armée du Rhin et la garde se trouvèrent concentrés autour de Metz. Le 13, le maréchal Bazaine en prit le commandement en chef que lui conférait un décret impérial du 12. Ses instructions portaient qu'il devait abandonner la ligne de la Moselle, et gagner Verdun pour couvrir le camp de Châlons, en conservant ses communications avec Paris.

Tout le monde doit reconnaître qu'il héritait, dans ce poste difficile, d'une situation particulièrement critique

et dont on ne pouvait en rien lui attribuer la responsabilité. Pressé par des circonstances impérieuses résultant
de nos premiers revers, il lui fallait agir immédiate-
ment, sans même avoir pu se rendre un compte bien
exact des forces dont il disposait et des mesures précédemment ordonnées.

Dès le 13 août au soir, l'armée reçut l'ordre de se
porter sur la rive gauche et de s'engager sur la route
de Verdun, par Moulin-lès-Metz. Le mouvement com-
mença le 14 au matin. Déjà considérablement ralenti par
une crue subite de la rivière, maladroitement provoquée
et qui, en compromettant les deux ponts de chevalets, né-
cessita le passage de toute l'artillerie par Metz, il fallut
encore le suspendre en partie pour répondre à l'ennemi
qui nous attaquait, avec une extrême vivacité, vers trois
heures, à Borny. Il recommença le lendemain au jour. A
midi, le 2ᵉ corps, formant tête de colonne, atteignit Rezonville et s'établit en avant du village, près Vionville.
La bataille s'engagea le 16 dans la matinée et dura très-
acharnée jusqu'au soir.

On ne doit pas comparer la lenteur apparente de notre
mouvement de retraite à la rapidité des Allemands, à
l'audace et à la vigueur qu'ils déployèrent pour nous distancer sur la route de Verdun. Il est vrai que leur ma-
nœuvre, quoique bien hasardée et fort imprudente, puisqu'elle faillit un instant compromettre l'armée du prince
Frédéric-Charles, n'en reste pas moins une des plus
belles conceptions stratégiques de la campagne ; mais, le
maréchal Bazaine dans une position bien autrement
désavantageuse, nommé de la veille, et encore peu au
courant de la situation, ne pouvait, comme ses adver-

saires, poursuivre l'exécution d'un plan depuis long-temps combiné et soigneusement élaboré. Les deux corps d'armée engagés à Borny eurent grand besoin de se reconnaître après le combat.

On peut seulement se demander si la retraite sur Verdun était encore praticable, dans la nuit du 16 au 17 août, et s'il n'eût pas fallu faire les plus grands sacrifices pour se dégager, avant d'attendre que l'armée du roi, alors à Pange, ne vînt, en s'ajoutant aux forces du prince Frédéric-Charles, présenter un obstacle tout à fait insurmontable. Il est facile de prouver qu'on ne pouvait tenter l'entreprise sans un succès bien décisif à Rezonville; et, si nous n'éprouvâmes pas un revers ce jour-là, on ne doit pas compter cette bataille comme une victoire. Les deux armées, fatiguées d'une lutte si acharnée, couchèrent sur leurs positions, mais ce fut tout.

L'empereur, il est vrai, escorté par les chasseurs d'Afrique, put s'échapper sans difficultés par Étain et atteindre la Meuse avant la nuit; mais, cette marche rapide, dans la journée du 16, pendant la bataille, ne prouve pas que l'opération fût possible le 17 pour l'armée du Rhin, empêchée par son artillerie, ses bagages et ses ambulances. Elle eût été bien certainement arrêtée avant la jonction des deux routes, aux défilés qui précèdent Verdun déjà occupés par des forces prussiennes. Le maréchal Bazaine ainsi coupé de sa base d'opérations, aurait dû risquer, contre des forces écrasantes, une nouvelle bataille décisive qui, en cas d'insuccès, compromettait tout. Ce parti était-il sage?

Je ne nie pas qu'avec de la hardiesse il eût peut-être

réussi, mais il était trop en dehors des règles de prudence qui doivent présider aux opérations de guerre, surtout dans des conditions aussi critiques, pour qu'on fût en droit de le tenter. Pendant la bataille de Rezonville, l'ennemi, en essayant constamment, vers le soir, de déborder notre aile gauche, montra bien son intention de nous repousser sur Verdun, pour en finir avec l'armée du Rhin en la prenant entre deux feux. Au contraire, par son mouvement de retraite, le commandant en chef pouvait espérer qu'en tenant la route de Briey, il donnerait la main aux forces devant arriver du camp de Châlons, tout en couvrant une place de guerre qui formait alors son seul point de soutien. Je le répète, la situation était trop grave pour qu'on pût rien laisser au hasard, et mieux valait pécher par excès de prudence que par trop de témérité. En se maintenant autour de Metz, le maréchal Bazaine devait croire qu'une armée de l'extérieur l'aiderait à se dégager. Nul ne prévoyait alors la marche du maréchal de Mac-Mahon sur Sedan. Ajoutons, pour terminer, que le grand parc de l'armée du Rhin était resté à Toul, et qu'il fallut renvoyer des caissons d'artillerie en arrière pour y refaire leurs approvisionnements.

La bataille du 18 août, contre des forces bien autrement supérieures, fut aussi meurtrière que la précédente, et prouva, jusqu'à l'évidence, que nous ne pourrions jamais forcer la ligne des Prussiens de ce côté; qu'il fallait momentanément renoncer à gagner la Meuse. On se replia donc tout à fait sous Metz pour y attendre, à l'abri des forts et dans une excellente position, qu'un corps de secours vînt combiner ses opérations avec les nôtres. Le mouvement eut lieu dans la matinée du 19. L'ennemi, qui depuis le 12 tenait le chemin de fer de Pont-à-Mousson, coupa, ce jour-là même, celui de Thionville; toute communication avec l'extérieur se trouva donc interrompue pour l'armée du Rhin, et les conjectures prirent leur cours.

Il devenait indispensable d'accorder quelques moments de répit à l'armée, après les fatigues des journées précédentes et les pertes énormes qu'elle venait de subir, pour refaire ses cadres, compléter ses approvisionnements de vivres et de munitions, et permettre à son commandant en chef de choisir, en se recueillant, le point sur lequel il pourrait tenter une nouvelle attaque. Les Prussiens en profitèrent pour faire élever, avec l'aide des paysans réquisitionnés des environs, une série de retranchements, principalement sur les routes et dans les villages des hauteurs de la rive gauche de la Moselle, afin de rendre impraticable toute tentative dans la direction de Verdun.

Le 26 août, un nouveau mouvement offensif fut essayé en avant du village de Ventoux, de l'autre côté de Metz; mais l'armée, surprise par une véritable tempête, après quelques légers engagements d'avant-postes, dut rentrer dans ses anciennes positions sans avoir combattu. On ne doit pas critiquer cette décision du conseil de guerre réuni pour la circonstance. Il est vrai que l'on eût peut-être aisément forcé ce jour-là les lignes prussiennes, gagné même Thionville, seulement il était bien impossible d'opérer de ce côté la jonction avec les forces du maréchal de Mac-Mahon. Le prince Frédéric-Charles n'aurait eu, pour l'empêcher, qu'à se porter rapidement, par la route de Briey, entre Sedan et la Moselle. Notre commandant en chef ne recevait que des renseignements très-vagues sur la position de l'empereur; en se lançant ainsi à l'aventure, il eût perdu la position de Metz pour s'acculer à une place peu importante et sans issues.

L'opération fut reprise le 31 août. L'armée a beaucoup critiqué l'ordre d'attaque donné, disait-on, trop tard, en prétextant que si l'action eût été engagée dans la matinée, on aurait eu le temps de remporter un succès définitif avant la nuit ; tandis que le lendemain, 1er septembre, les Prussiens ayant considérablement renforcé leurs lignes, on se trouva en présence de masses bien supérieures qu'il fut impossible de rompre.

Il serait facile de répondre que le mouvement de concentration ne fut pas terminé aussitôt qu'on se plaît à le croire, et que vers trois heures seulement on put donner le signal ; mais, en montrant l'inutilité des résultats d'une affaire heureuse dans cette direction, il sera plus facile de bien faire ressortir la ligne de conduite du maréchal Bazaine dans cette campagne.

Il est, je n'hésite pas à l'affirmer, un principe rigoureux, absolu dans l'art militaire, un axiôme indiscutable, surtout depuis l'invention des nouvelles armes, que malheureusement le public en France, et même bien des officirs s'obstinent à nier, se refusent à comprendre, malgré les exemples récents qui viennent d'en donner de si éclatantes preuves : c'est que toute armée renfermée dans une place de guerre par un ennemi égal ou supérieur en nombre, est nécessairement perdue, quelle que soit sa force, doit fatalement capituler, le jour où ses vivres seront épuisés, à moins d'une diversion venue de l'extérieur. En vain objectera-t-on que, placé au centre d'une vaste circonférence, elle pourra toujours se porter en masses considérables et plus rapidement que l'assiégeant, sur un point quelconque du périmètre et, partant, rompre aisément le cercle qui l'enserre : théoriquement la chose est vraie, elle est fausse dans l'application.

Quelle fut, remarquons-le bien, la tactique constante des Prussiens dans cette guerre, et la seule rationnelle contre les nouveaux moyens de destruction qu'a su inventer le génie humain ? C'était d'isoler l'assiégé de toute communication avec l'extérieur pour l'empêcher de se ravitailler, et d'élever, presque toujours hors de la portée du canon de la place, une série de retranchements abritant des batteries mobiles qui devaient écraser de leurs feux toutes les colonnes essayant de se faire jour. Couverts par leurs terrassements, ils attendaient toutes les sorties, se donnant ainsi l'immense avantage de la défensive. Une surveillance rigoureuse les informait du moindre mouvement de l'assiégé, et, à plus forte raison, d'une concentration générale des troupes en vue d'une attaque décisive sur la ligne d'investissement. Mis en éveil au premier signal, il leur était toujours facile d'accumuler sur les points menacés, et bien avant qu'ils ne fussent atteints par l'assiégé, une quantité considérable d'artillerie pour résister aux premiers assauts. Une simple figure géométrique démontre clairement la vérité de ce raisonnement. Abrités comme dans une place forte, derrière des ouvrages souvent formidables, ils pouvaient aisément tenir tête à l'orage, jusqu'à ce que toute l'armée d'investissement fut arrivée à leur secours, si besoin était.

Les lignes autour d'une place de guerre ou d'un camp retranché sont aujourd'hui trop éloignées, pour qu'il soit possible de surprendre un point quelconque avec succès par ces petites sorties, vives et imprévues, telles que les prescrivait l'ancienne instruction sur la défense des places. Avec des distances de quatre et cinq kilomètres qui séparent les deux adversaires, toute opération sérieuse doit d'abord débuter par un combat d'artillerie dans lequel l'assiégeant conserve tout l'avantage. Ses pièces protégées par des épaulements et donnant des feux croisés ou convergeants sur un espace tout-à-fait restreint, bien découvert et occupé par des colonnes profondes, produiront des effets terribles. Ceux de l'assiégé, au contraire, lancés sur des retranchements sans profondeur derrière lesquels s'abrite l'ennemi, ne donneront que des résultats sans importance. C'est donc une action générale, en rase campagne, contre un ennemi soigneusement caché, qu'il faudra toujours entreprendre si l'on veut se dégager. Elles sont aujourd'hui presque impossibles avec le fusil à tir rapide, les mitrailleuses et les masses d'artillerie dont on peut disposer. Malheur à qui attaque dans de telles conditions. Les plus mauvais soldats, mal commandés mais cachés par des ouvrages, même construits à la hâte, luttent avec avantage contre les plus solides troupes. Les Prussiens l'ont si bien compris, que jamais, durant cette campagne, ils n'ont essayé la moindre opération de ce genre. Campés autour de nos places fortes, ils attendaient patiemment que la faim ou le bombardement eussent fait leur œuvre, se sentant aussi incapables de pénétrer dans nos lignes, qu'ils nous savaient impuissants à forcer les leurs.

L'objection toute naturelle qui se présente, c'est qu'il ne fallait pas attendre, pour quitter la position, que l'ennemi eût établi ses ouvrages de défense et ses batteries couvertes. J'y répondrai tout naturellement en supposant, pour un instant, que dans une sortie, on se soit frayé un passage en rompant le cercle d'investissement de la place; ce sera bien le cas le plus favorable pour l'assiégé.

Mais croit-on que le défilé d'une armée de cent mille hommes, avec les *impedimenta*, l'artillerie, les ambulances indispensables pour tenir au moins quelques jours la campagne, ne sera pas une opération fort longue et très-compliquée, surtout en présence d'un ennemi qui, repoussé il est vrai sur un point de sa ligne, n'en conservera pas moins tous ses moyens d'action ! Il faudra donc livrer bataille, le lendemain ou le surlendemain au plus tard, sans bases d'opérations, sans appui d'aucune sorte et jouer ainsi le salut de toute l'armée sur un coup du sort ; car, il ne faut pas se le dissimuler, elle est perdue sans ressources en cas d'insuccès. Pense-t-on que le maréchal Bazaine pût compter sur une victoire après Borny, Rezonville et Gravelotte? — Évidemment non. — C'est précisément parce qu'à la suite de ces trois actions si meurtrières il ne se sentait plus capable de tenir en ligne contre un ennemi aussi supérieur, qu'il s'était réfugié sous Metz. Et l'on aurait voulu qu'après les pertes énormes que venait de subir l'armée, il tentât de nouveau un plan qui avait échoué alors qu'il disposait de toutes ses forces!

Il est certes facile d'affirmer que le commandant en chef de l'armée du Rhin ne se justifierait jamais de n'avoir pas essayé les plus sérieux efforts, alors que ses officiers possédaient toute leur énergie et ses troupes toute leur ardeur, pour s'emparer des immenses ressources accumulées par l'intendance à Thionville, mais autrement difficile de prouver que l'entreprise fût possible. On admettra bien, je l'espère, que le ravitaillement ne pouvait s'entreprendre avant qu'il ne fût bien démentré que nous ne devions plus compter sur un secours de l'extérieur, c'est-à-dire vers le 15 ou 20 septembre environ, alors que les Prussiens avaient presque complétement terminé leurs travaux de défense autour de la place. Il fallait ainsi se dégager premièrement, et, si l'on réussissait, livrer, en fin de compte, une action générale dans les conditions défavorables qui ont été précédemment développées. Qu'importait alors de séparer en deux tronçons l'armée ennemie en coupant le pont de Malroy, si l'on ne pouvait gagner Thionville en une seule marche; une grande victoire était avant tout indispensable, et je crois avoir suffisamment démontré qu'il n'eût pas été sage de l'espérer en cette occasion. En supposant même que l'ennemi considérablement retardé par son échec à Malroy, nous eût permis de gagner Thionville, le retour à Metz était impossible à moins de culbuter complétement les Prussiens. On en venait toujours à s'abriter près d'une place sans issues, sans moyens de défense, où nous attendait, en cas de revers, le pendant du désastre de Sedan.

Je ne nie pas, qu'en retenant un mois de plus, sous les murs de Metz, le prince Frédéric-Charles, on eût peut-être sauvé la situation en permettant aux armées de la Loire de marcher sur Paris, mais il faut n'avoir pas la moindre idée des difficultés matérielles que présente le ravitaillement d'une place forte devant des ennemis aussi vigilants, aussi nombreux que l'étaient les Prussiens, pour en exiger l'exécution, avec cette aisance, cette facilité que montrent la plupart des tacticiens fantaisistes qui se sont fait les accusateurs du maréchal Bazaine. Aidée d'un chemin de fer, l'opération eût été déjà fort difficile, bien compliquée ; elle était impraticable quand la voie ferrée de Thionville se trouva détruite.

On a parlé de l'indignation des gardes nationaux et des volontaires, du désespoir des habitants de Metz, quand ils apprirent que le commandant en chef de l'armée du Rhin allait livrer aux Prussiens une place jusque-là réputée imprenable. Ces nobles sentiments témoignent plutôt du patriotisme et du dévouement de la population, que d'une connaissance exacte des forces de la ville et des moyens de défense qu'elle possédait. Mon intention n'est pas de rechercher sur qui doit retomber la responsabilité des fautes nombreuses commises au début des hostilités, mais cette place, telle qu'elle se trouvait au moment de la déclaration de guerre, n'offrait pas les conditions favorables que l'on supposait généralement en France, non plus que la quantité d'approvisionnements de toute espèce, les vivres exceptés, qu'on eût été en droit d'exiger dans les magasins d'une ville appelée à servir de bases aux opérations de l'armée du Rhin. Avant l'invention des nouvelles armes, Metz, protégée par deux rivières, garantie par ses puissantes murailles, ses nombreux bastions, pouvait, à la rigueur, présenter l'idée d'une résistance dont aucune artillerie du monde ne viendrait jamais à bout. Qu'on jette les yeux sur une carte, en calculant la nouvelle portée des pièces, et l'on verra combien les conditions sont aujourd'hui changées. Si depuis Sadowa le génie avait couvert ses approches par cinq nouveaux forts, tous les officiers de l'armée du Rhin ont pu se convaincre qu'ils

étaient à peine en état de défense. On dut les armer
à la hâte et principalement avec les canons destinés
au siége de Mayence! Le fort Saint-Privat n'était qu'é-
bauché et celui de Queuleu, un des plus défectueux et
des moins bien protégés, tombait dans ses fossés par suite
d'un vice de construction, avant même d'être terminé. Il
faillit être enlevé d'un coup de main par l'ennemi, pendant le combat du 14 août. Comme à Strasbourg, le ma-
tériel de siége, composé en grande partie des anciens canons de 12 et de 24 transformés, eût été impuissant
contre l'artillerie prussienne.

La capitale de l'Alsace, et surtout sa citadelle, passaient
pour imprenables; on affirmait aussi que le blocus de Paris était impossible à moins d'un million d'hommes... Que
d'erreurs invétérées en France avant la guerre! Avec ses
défenses médiocres et les ressources restreintes dont on
disposait, Metz n'eût pas tenu quinze jours contre un
siége en règle; surtout si l'on songe aux vingt mille blessés
que les batailles de Borny, de Rezonville et de Gravelotte
y avaient accumulés. Ce fut l'opinion de tous les généraux
et commandants d'armes consultés en conseil de guerre.
L'armée du Rhin sur laquelle la ville comptait pour la pro-
téger, ne fut donc pas la cause de sa perte. Elle retarda
au contraire sa chute de deux mois, et évita à ses habitants les horreurs d'un bombardement que les Prussiens
ne leur auraient certainement pas épargné.

Le seul reproche fondé qu'on serait peut-être en droit
d'adresser au commandant en chef de l'armée du Rhin,
c'est de s'être laissé distraire de son mouvement de retraite par la fausse attaque des Prussiens à Borny, le
14 août, puisqu'elle n'avait pour but que de retarder

l'opération et de permettre au prince Frédéric-Charles de nous distancer sur la route de Verdun, après avoir passé la Moselle à Pont-à-Mousson et Novéan. Néanmoins, il ne faut pas oublier ce qui a déjà été dit sur Metz et les forts qui le protégeaient; l'ennemi devenait entreprenant, et la prise de Queuleu eût amené un malheur irréparable. Le maréchal Bazaine ne commandait l'armée que de la veille, il n'est donc pas surprenant qu'investi depuis quelques heures à peine, — et dans quelles conditions encore! — d'une si lourde responsabilité, il se soit laissé tromper un instant par une attaque aussi vive qu'inattendue. On peut ajouter qu'il profita de l'occasion pour infliger une rude leçon au général Steinmetz.

II

Le 1er septembre au soir, l'armée du Rhin, forcée de s'abriter de nouveau derrière les forts, reprit ses anciens cantonnements qu'elle ne devait malheureusement plus quitter.

Le 4 ou le 5 quelques rumeurs vagues commencèrent à circuler dans les camps et à Metz : on parlait d'un grande victoire remportée par le maréchal de Mac-Mahon, qui n'aurait pas coûté moins de cent cinquante mille combattants à l'ennemi ; le général Ducrot était à Thionville avec cinquante mille hommes, etc. Le 10 septembre, d'aucuns ajoutaient même que la canonnade de la veille n'était qu'une feinte des Prussiens qui, forcés par nos succès de battre précipitamment en retraite, avaient déguisé ce mouvement par une attaque simulée de nos lignes. Le 12, on apprenait enfin la triste vérité, le désastre de Sedan, la captivité de l'empereur et sa déchéance prononcée par les députés de la Seine. Quelques journaux de la capitale, apportés par des prisonniers échappés à l'ennemi, nous annoncèrent la formation à Paris du nouveau gouvernement de la défense nationale. Le maréchal Bazaine s'empressa de porter le fait à la connaissance des troupes par la voie de l'*ordre*, tout en prescrivant aux habitants et aux troupes le respect des lois et le maintien de la discipline.

On ne saurait prétendre qu'en faisant ainsi part à la population de Metz des changements survenus dans la forme du gouvernement en France, et en rappelant à l'armée que ses obligations envers la patrie en danger restaient les mêmes, que son devoir était de la servir avec une égale fidélité et un nouveau dévouement, le commandant en chef fit une sorte de reconnaissance de la République. Ce serait donner une interprétation toute gratuite à ses paroles, car ici se place, à mon avis, la question la plus grave et celle qui a servi de prétexte aux plus vifs débats, aux accusations les plus passionnées.

Quelle devait être la conduite de notre commandant en chef dans cette circonstance difficile ? Pouvait-il, alors même qu'il eût reçu notification officielle de la révolution, reconnaître d'une façon absolue l'acte des Parisiens, et, proclamant à son tour la déchéance de l'empereur, faire enlever les aigles des drapeaux, dissoudre la garde impériale ? La population de Metz en général, et même quelques officiers de l'armée du Rhin, réclamèrent ces modifications à grands cris. Je n'étonnerai personne en affirmant que ceux qui naguère encore s'inclinaient au plus bas devant l'empereur au pouvoir, furent les premiers à insulter Sa Majesté déchue, mais rien n'autorisait jusqu'alors de pareilles mesures.

Tant que le pays ne s'était pas régulièrement prononcé, le gouvernement de la défense nationale ne pouvait être, pour le maréchal Bazaine et pour l'armée qu'il commandait, qu'une réunion d'avocats, représentant à peu près l'opinion de Paris et de sa banlieue, mais n'offrant pas plus l'expression de la volonté nationale, que celui qu'il plairait aux révolutionnaires d'ériger à Lyon, à Marseille ou ailleurs. Et de quel droit Messieurs les députés de la Seine prétendaient-ils gouverner la France, avaient-ils mandat régulier de la nation pour la représenter ! Quelle était alors à Metz la seule autorité régulière et que personne ne pouvait contester ? Celle du maréchal Bazaine qui, seule, émanait du souverain et de la Constitution. Devait-on, alors même que le gouvernement parisien eût daigné nous informer de ses faits et gestes, se considérer, officiers et soldats, comme dégagés du serment de fidélité prêté à l'empereur ! Pour nous, l'autorité qui siégeait dans la capitale, malgré le titre patriotique dont elle se décorait et le général qui la présidait, ne pouvait être qu'un pouvoir essentiellement révolutionnaire, sans mandat régulier, sans autorité légitime.

On disait bien, il est vrai, que le peuple était convoqué dans ses comices pour le 15 octobre, et qu'une constituante aurait à régler la forme du nouveau gouvernement; mais, jusqu'à ce que les députés nouvellement élus aient pu se réunir et délibérer, il n'appartenait à personne de l'armée du Rhin, pas même à son commandant en chef, de se prononcer sur une aussi grave question.

Voilà donc le gouvernement de la défense nationale institué, sinon de droit, du moins de fait à Paris. Au lieu de s'unir pour repousser l'ennemi déjà au cœur du territoire et maître de toutes nos armées, on n'a trouvé rien de mieux que de proclamer la République comme le remède souverain, la panacée universelle. Il semblait au moins rationnel qu'avant d'engager la France dans une résistance à outrance, témoignant sans doute des sentiments chevaleresques du pays, mais pouvant le ruiner complétement et faire couler des flots de sang en cas d'insuccès, on dût consulter ses représentants.

Les députés de la Seine, et le général Trochu à leur tête, en décidèrent autrement, et la proclamation emphatique du vice-président fut comme le défi audacieusement jeté à un ennemi victorieux. Paris ferma ses portes, arma ses remparts et se prépara à la lutte.

Je n'entreprendrai pas le récit lamentable des douloureux épisodes de ce siége, des souffrances de cette héroïque population constamment trompée par les fastueuses paroles de ceux qui lui promettaient journellement la victoire et la délivrance. Nous connaissons les tristes résultats de ce fameux plan, exhumé enfin de l'étude de M⁰ Ducloux et qui devait, en quinze jours, purger notre territoire. L'incapacité militaire de ceux qui prirent en main les destinées de la France, après avoir chassé la représentation nationale, ne fut égalée que par l'ineptie qu'ils déployèrent dans la capitulation, dont ils ne surent même pas profiter pour désarmer les partisans de la Commune.

On pourrait encore se demander pourquoi le nouveau gouvernement ne songea pas à se mettre en relations avec l'armée du Rhin, pour convenir au moins d'un plan de défense combiné. Les Prussiens faisaient bonne garde autour de Metz, je le sais, mais puisqu'un soldat du génie prisonnier à Ars-sur-Moselle parvint à traverser leurs lignes pour nous porter quelques nouvelles, croit-on que moyennant finance, on n'eût pas trouvé dans toute la police parisienne, un fin limier de force à en faire autant ! On a dit, car toutes les calomnies ont été épuisées contre le maréchal Bazaine, qu'il aurait reçu de nombreuses dépêches dont il n'avait pas voulu donner communication à l'armée. L'objection n'est pas sérieuse. A qui faire croire que ces espions rendus à Metz n'eussent dévoilé à personne leur présence et leur mission. Le mystère eût fini par se découvrir, et je défie que l'on me cite un officier ou une personne de la ville ayant conféré directement avec un de ces personnages. En revanche, nombre d'émissaires choisis par la municipalité furent envoyés porteurs de dépêches du commandant en chef. On n'eut jamais de leurs nouvelles.

Devant cet abandon inexplicable, ce silence obstiné, cette absence de toute communication, le maréchal Bazaine était en droit de penser que le nouveau gouvernement se méfiait de lui, craignant sans doute que l'armée du Rhin, par respect de son serment ou de sa dignité, refusât de se mettre à la remorque de révolutionnaires, exerçant, sans mandat légal, un pouvoir usurpé dans un moment d'émotion. Rien ne prouve que ce n'est pas sciemment qu'on le laissa sans nouvelles, sans instructions, sans secours d'aucune espèce. Jusqu'à preuve du contraire, son armée a pu se croire abandonnée ou tout au moins laissée en suspicion, quitte à être calomniée si elle succombait dans la lutte, ou si, faute de vivres, elle en était réduite à capituler.

Quel parti restait donc à notre commandant en chef? — Faire une percée et tenter de gagner Thionville, les Vosges ou la Loire. Mais outre, je le répète, que l'opération était militairement impossible, malgré le dire de tant de stratégistes improvisés, sans un secours de l'extérieur, son rôle, dans le pays, se trouvait tout tracé. La province n'avait point fait acte d'adhésion à la révolution de la capitale; il n'aurait donc pu que traiter Paris en minorité factieuse et soutenir l'empereur tout en combattant les Prussiens. N'était-ce pas ce que redoutait le nouveau gouvernement et ce qui motiva son oubli systématique?...

Et l'on ose dire, après ces preuves accablantes, que le maréchal Bazaine se tint le premier en dehors de toute action commune avec la révolution parisienne. Mais l'eût-il fait, qu'il aurait simplement obéi aux plus formelles prescriptions du règlement militaire. La loi est absolue : ce n'est pas sur de simples renseignements fournis par quelques journaux pris sur des Prussiens ou apportés par des prisonniers échappés à l'ennemi, que le commandant d'une place assiégée doit prendre la grave responsabilité de reconnaître une nouvelle forme de gouvernement. Il lui faut des preuves indiscutables, authentiques, non-seulement de ce changement, mais encore de la sanction du pays. Si l'histoire n'a que des éloges à décerner aux généraux Kléber et Doyré commandants à Mayence, pendant le siége de 1793; au représentant du peuple Rewbell, qui refusèrent de croire aux nouvelles que leur donnaient les Prussiens, aux renseignements de *Moniteurs* imprimés à Francfort, affirmant que Custine, fort affaibli, ne pouvait rien pour eux, qu'une insurrection dans Paris venait de dissoudre la Convention et de proclamer roi le Dauphin ; de quel droit accuserait-on le maréchal Bazaine d'avoir agi identiquement dans des circonstances tout à fait pareilles ? Serait-ce parce qu'il était alors question de la République ? Vraiment on serait tenté de le croire en voyant cette étrange façon d'interpréter la conduite des généraux en chef ou des commandants de place, suivant les formes du gouvernement à reconnaître. Qu'on ne s'y trompe pas, tels sont l'origine et le motif des plus violentes accusations.

Elles me semblent tout aussi injustes et encore moins prouvées, quand on parle d'arrangements politiques, de combinaisons ténébreuses ou équivoques, entreprises en vue d'un rôle prépondérant à jouer dans le pays, et pour lequel il ne craignit pas de conduire sciemment l'armée à cette prétendue apathie morale devant entraîner sa soumission inerte aux exigences de la situation. Sans la moindre nouvelle de l'extérieur, sans communications du nouveau gouvernement, le maréchal Bazaine, impuissant à forcer la ligne des Prussiens, ne pouvait qu'attendre les événements et borner son rôle à une simple position d'expectative. Son armée représentait la seule force régulière restant à la France ; elle pouvait, si de sérieuses propositions de paix étaient faites à la Prusse, peser d'un poids considérable dans les délibérations, ou produire un résultat capital si l'on songeait enfin à lui envoyer des secours ; il était donc sage et prudent de ne pas l'exposer, par une action générale inconsidérée, à une perte à peu près certaine, ou de l'user en détail par des sorties trop fréquentes et sans résultats sur la marche des opérations.

Il ne faut pas oublier que Metz était littéralement encombré de blessés dont on ne savait déjà que faire : les hôpitaux, les monuments publics, les établissements privés, les maisons particulières étaient remplis de ces malheureux. Faute de communications avec l'extérieur, les médicaments commençaient à manquer. L'agglomération des malades fut si considérable, que très-rarement on put sauver les amputés ou ceux qui étaient trop grièvement atteints ; et cela, malgré le dévouement au-dessus de tout éloge des médecins et de la population. On a déjà fait observer que toutes ces petites sorties des assiégés n'ont d'importance que dans un siége en règle, pour détruire les travaux d'approche de l'assiégeant et éloigner la chute de la place en retardant l'établissement des batteries de brèche. Ce n'était pas le cas pour Metz, puisque les Prussiens ne tentèrent jamais la moindre action contre la ville et ses approches.

Cependant, pour sonder l'ennemi ou le forcer au moins à maintenir un effectif considérable autour de nos lignes, plusieurs actions partielles furent ordonnées, le 12, le 22 et le 23 septembre, sur la rive droite, bientôt suivies d'une série d'engagements, du 2 au 7 octobre, dans la vallée de la Moselle, vers Thionville. L'affaire de Ladonchamps, dans la journée du 6, fut particulièrement meurtrière ; la garde y contribua pour une bonne part. Le 7, on dépassa le château, mais cette vaillante infanterie, mal protégée par notre artillerie relativement faible, et exposée aux feux croisés des batteries prussiennes, ne put jamais se déployer sans être couverte d'une pluie d'obus. Nos pertes furent très-sensibles; ce qui n'empêcha pas les journaux de Metz, pour la plupart hostiles au maréchal Bazaine auquel ils reprochaient de ne s'être pas prononcé catégoriquement sur la nouvelle forme du gouvernement, de publier que l'affaire avait été des plus heureuses, et que, malgré l'épouvantable canonnade de l'ennemi, nous avions à peine eu quelques hommes hors de combat. Ils s'appuyaient de ce résultat extraordinaire pour reprocher à notre commandant en chef ce qu'ils nommaient sa mollesse et son apathie, en laissant soupçonner, par d'habiles réticences, que des combinaisons mystérieuses pouvaient bien en être cause. Il fallut qu'un communiqué de l'autorité militaire vînt rétablir les faits et l'exacte vérité, en apprenant à la population que cette sortie nous coûtait environ 1,200 hommes, dont 11 officiers tués et 50 et quelques blessés. On avait pourtant fait donner les meilleures troupes.

Je ne relève que pour mémoire les reproches dont les distributions des vivres furent l'occasion. On prétend que, dès le 19 août, le maréchal Bazaine aurait dû mettre les troupes et la ville à la ration, sans songer que la mesure était alors impossible. Qu'on l'adopte au moment de l'investissement d'une place de guerre, quand son commandant, réduit dès cet instant à ses propres ressources, doit les ménager précieusement pour prolonger le plus longtemps possible sa résistance, c'est parfait. La garnison n'est pas destinée à tenir la campagne; elle connaît d'avance la mission qui lui est confiée, le devoir qui lui est imposé, et doit accepter avec résignation toutes les privations, tous les sacrifices que nécessitent les circonstances. Mais l'armée du Rhin, appelée d'un moment à l'autre aux opérations actives, ne pouvait être, dès le premier jour, soumise à une mesure, dont l'effet immédiat eût été d'affaiblir les soldats et d'influer sur le moral de l'armée, qui se serait cru réduite, même avant que les circonstances ne l'exigent, aux privations d'un blocus rigoureux. Le 15 septembre pourtant, la ration descendit de 750 grammes à 500, et successivement jusqu'à 300 et 250 grammes de pain de boulange. Si l'on donna quelquefois du blé aux chevaux, il ne faudrait pas croire, comme sembleraient le faire supposer quelques personnes hostiles, qu'on le distribuait avec une prodigalité sans exemple, alors que pendant quelques jours à peine il servit de léger appoint aux rations de la cavalerie. La nourriture des animaux fut, dès les premiers moments du blocus, la grande préoccupation de l'intendance et la principale difficulté à résoudre. Si, d'une part, on se plaignait de les voir dépérir ou mettre en coupe réglée pour la nourriture du soldat, il fallait bien les soutenir autrement que par un pacage illusoire.

La faute de n'avoir pas fait rentrer dans Metz toutes les ressources des environs ne peut retomber sur le maréchal Bazaine, qui ne commandait pas alors que l'opération pouvait aisément se faire et donner des résultats appréciables. Même après le 19 août, personne ne prévoyait que l'armée ne serait jamais secourue; la question des approvisionnements ne se présentait donc pas avec la gravité qu'elle prit quelques semaines plus tard, quand il n'était plus temps de mettre la main dessus.

III

Vers le milieu d'octobre, le maréchal Bazaine jugeant
que la position dans Metz n'était plus tenable longtemps,
se décida à envoyer son chef de cabinet à Versailles pour
traiter directement d'une capitulation avec les honneurs
de la guerre. Je ne répéterai pas toutes les fables publiées
au sujet d'une démarche pourtant bien naturelle. En dehors de toute autre considération, l'abandon dans lequel
on avait systématiquement laissé l'armée du Rhin autorisait, il me semble, son commandant en chef à traiter sans
l'intermédiaire d'un gouvernement bloqué lui-même dans
une place de guerre, ou d'une délégation d'aventure que
la France subissait sans doute, en raison des circonstances
exceptionnelles qui ne permettaient pas d'en discuter l'origine, d'en entraver l'action, mais qu'elle n'avait jamais
sanctionnée par un vote direct ou par la voie de ses représentants. Le roi de Prusse refusait encore de reconnaître un pouvoir aussi illégal, imposé par la violence au
pays et qui ne daignait même pas se faire confirmer par
des élections. La question se résume donc à savoir si le
maréchal Bazaine avait fait loyalement son devoir de soldat, en demandant à l'armée qu'on lui avait confiée, tout
ce que le pays était en droit d'exiger d'elle. Ce fait ac-
quis, ses démarches à Versailles pour une capitulation aux
meilleures conditions possibles, n'étaient que bien natu-
relles. Il n'agissait pas comme représentant un pouvoir in-
dépendant, ne relevant que de lui-même, mais comme le

délégué d'une autorité légitime, dont les droits imprescrip-
tibles ne pouvaient être annihilés que par un vote solennel
de la nation. En présence des nécessités impérieuses du
moment, du manque d'autorité régulière en France et de
l'attitude hostile prise par le roi de Prusse vis-à-vis le gouvernement de la défense nationale, il ne pouvait qu'agir
dans l'intérêt de ses troupes.

Sans doute il est permis de supposer que, suivant ses
habitudes de duplicité, M. de Bismark, en groupant avec
art, en exagérant avec intention tous les bruits fâcheux
qui circulaient en France, ait voulu tromper le général
Boyer, auquel il fit une peinture noircie des dificultés que
le nouveau gouvernement éprouvait à se faire reconnaître, principalement dans les grands centres de population ; mais on ne peut nier que des désordres très-sé-
rieux avaient éclaté à Lyon, à Marseille, où les partisans
de la Commune arboraient le drapeau rouge ; que les
événements du midi ne dussent causer une certaine appré-
hension à Metz.

Le général Boyer, dont la crédulité fut loin d'être ex-
ploitée, comme on ne serait que trop disposé à le croire,
revint ayant en partie échoué dans sa mission. Il raconta
les diverses communications qui lui avaient été faites au
quartier-général prussien, en laissant à la sagacité des
généraux réunis, le soin de faire la part revenant à la
mauvaise foi si connue de nos ennemis, et au désir tout
naturel qu'ils devaient éprouver d'en finir, par tous les
moyens possibles, avec l'armée du Rhin. Le procès-verbal
de la séance du conseil de guerre réuni à cette occasion,
montre que, bien loin de songer à faire jouer à l'armée
un rôle politique, les généraux, par de nouvelles démar-

ches tentées à Londres, ne voulurent obtenir que des conditions moins rigoureuses.

Pour en finir avec toutes ces controverses suscitées par la capitulation de Metz, il reste à savoir si au lieu de rendre les armes, on pouvait tenter encore un dernier coup de désespoir et se faire jour au milieu des lignes ennemies, à peu près sans artillerie, sans cavalerie et avec des hommes épuisés par les privations et les maladies. L'avis général fut que l'entreprise était complétement impossible et ne conduirait qu'à un massacre aussi barbare qu'inutile. Des pluies persistantes avaient complétement défoncé le terrain. Depuis quinze jours, les soldats campés autour de la place, vivaient dans un océan de boue ; ce qui aurait échappé aux obus et aux balles prussiennes eût donc été infailliblement pris le lendemain. L'armée du Rhin n'avait jamais été battue jusqu'à ce jour ; il était donc bien inutile de l'exposer, au prix des plus grands sacrifices, à un désastre général qui aurait fourni à l'ennemi l'occasion d'un pompeux fait d'armes à enregistrer. Je sais que plusieurs généraux et officiers, animés d'une ardeur généreuse mais inconsidérée, s'offrirent pour ouvrir un passage, à la tête d'hommes d'élite ; si le maréchal Bazaine déclina leur proposition, c'est qu'il ne voulait pas d'une dernière effusion de sang inutile.

Laissant de côté toute question de trahison qui n'est plus soutenable, il y a dans la détermination dernière du commandant en chef de l'armée du Rhin, la preuve d'un courage civique dont bien peu eussent osé faire preuve à sa place, et qu'il eût été peut-être heureux pour la France de voir imiter par ceux qui avaient pris en main ses destinées. Personne n'a mis en doute sa valeur personnelle sur le champ de bataille, il eût donc pu, moins conscieucieux, faire massacrer beaucoup de monde. On doit lui tenir compte d'avoir préféré le parti le plus conforme aux sentiments du devoir et de l'humanité. Il n'ignorait pas, avant de signer la capitulation, à quelles calomnies il s'exposait, de la part même de ceux qu'il avait le plus favorisés ; ce qui prouve qu'il connaissait bien les hommes et l'ingratitude du cœur humain.

L'opinion publique en France s'émut vivement des douloureux événements de Metz, et M. Gambetta, sur des rapports incomplets de personnages ignorants et obscurs, sans même attendre des débats contradictoires, s'empressa de fulminer l'anathème et de lancer, contre le maréchal Bazaine et son état-major, un mandat d'arrestation aussi ridicule qu'impuissant. Il n'est donc pas surprenant que, devant l'attitude systématiquement hostile de ceux qui retenaient illégalement le pouvoir, le commandant en chef de l'armée du Rhin ait attendu, pour s'expliquer, que le pays se soit régulièrement constitué. En butte aux plus violentes attaques des uns, aux infâmes accusations de quelques autres, il n'a répondu que par le silence et le mépris, montrant une fois de plus sa supériorité sur ses calomniateurs. Si pendant son internement en Allemagne il ne daigna jamais adresser à la délégation de Tours un mémoire justificatif, c'est que probablement, comme bien d'autres, il attendait que M. Gambetta voulût bien faire sanctionner son pouvoir dictatorial, avant d'imposer aux généraux ses ordres extravagants et ses plans de campagne désastreux. L'idée d'un jeune avocat ministre de la guerre, d'un fougueux orateur voulant, sans même soupçonner les premiers éléments de l'art militaire, commander aux armées et diriger, par le télégraphe, leurs opérations devant l'ennemi, est déjà bien assez grotesque en elle-même, sans qu'il vienne s'y mêler un appoint de violence et d'illégalité.

Le sot engouement de la nation française pour les brochuriers et les discoureurs, ne nous a que trop bien montré où peuvent nous conduire les rhéteurs et les doctrinaires, les généraux avocats et les avocats généraux. Qu'on ne reproche donc pas au maréchal Bazaine d'avoir su se taire, quand tant de gens n'ont brillé que par leurs pompeuses déclamations. Affirmer niaisement tout le long d'un siége qu'on ne capitulera jamais, et s'échapper au dernier moment d'une position pénible et ridicule, par une combinaison jésuitique, me semble bien fait pour commander le silence dans les circonstances graves et difficiles. Espérons que le temps, ce puissant auxiliaire, en éteignant les passions politiques, en calmant les douleurs et les agitations qui viennent de bouleverser le pays, permettra de juger avec cette impartialité qui distingue les grandes nations dans leurs plus douloureuses épreuves, la cause des désastres de cette funeste guerre. Jusque-là, et qu'il me soit permis de donner mon opinion en terminant, nous devons éviter, par des attaques aussi violentes qu'inconsidérées, de montrer à nos ennemis, avec le spectacle de nos malheurs, celui de nos vaines fureurs et de nos impuissantes colères.

Paris, imp. Balitout, Questroy et C°, 7, rue Baillif.

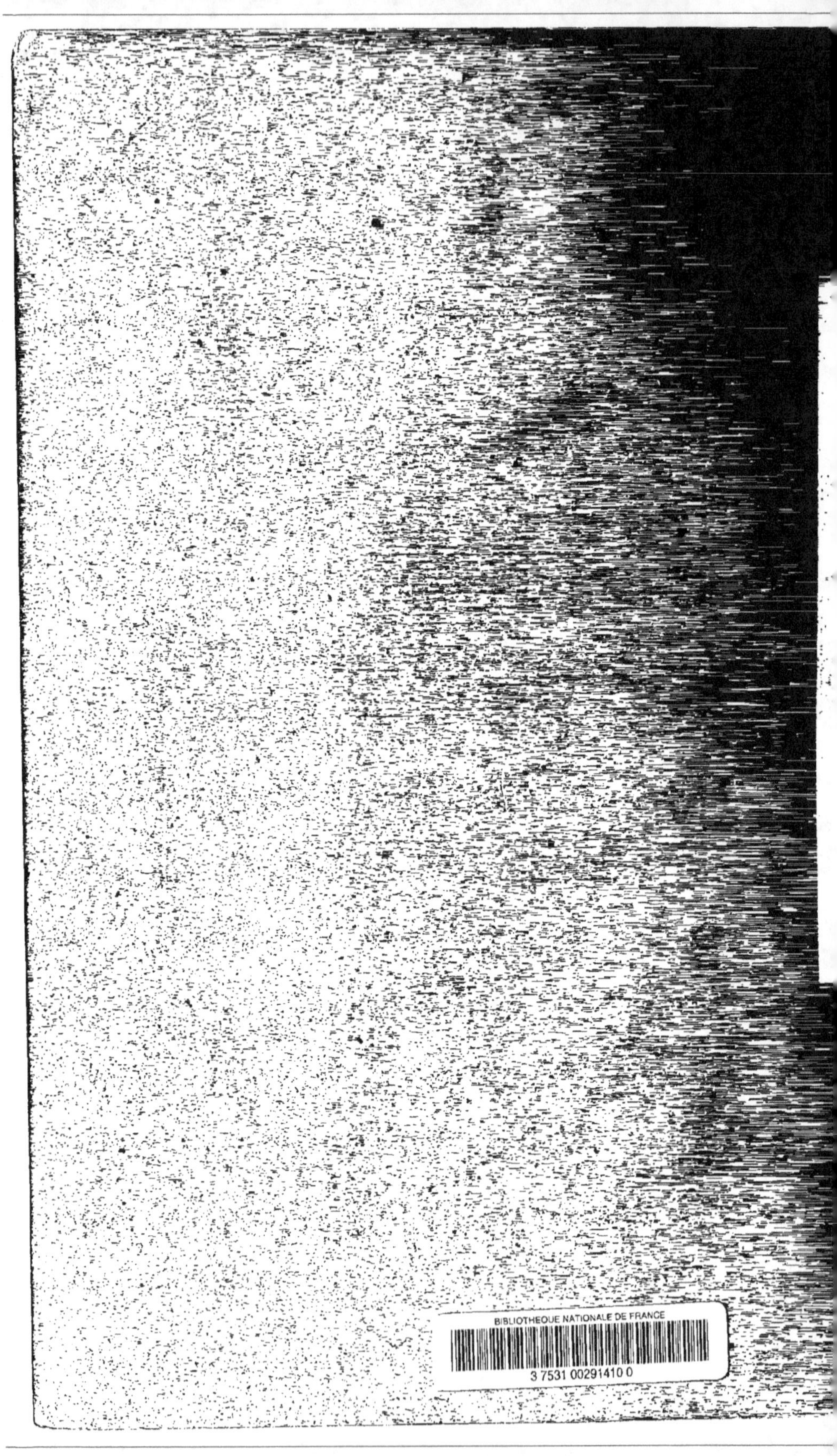

www.ingramcontent.com/pod-product-compliance
Lightning Source LLC
LaVergne TN
LVHW012105030726
842523LV00002B/728